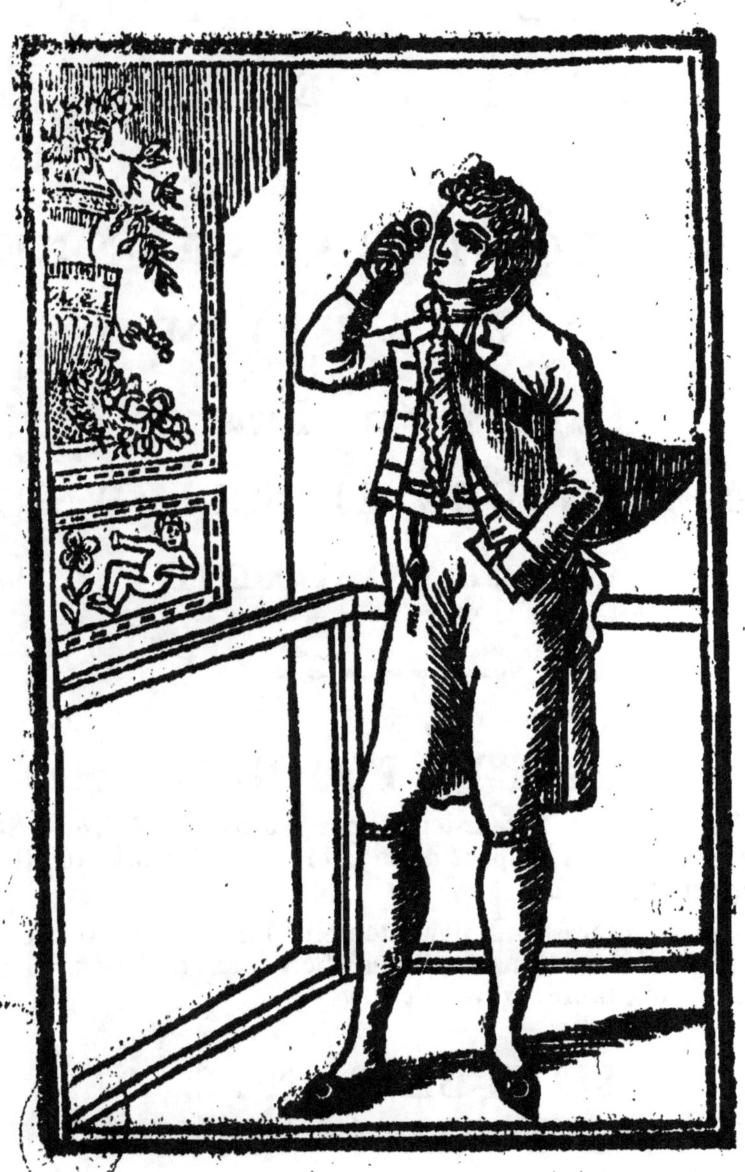

L'OBSERVATEUR AU MUSEUM.

L'OBSERVATEUR
AU MUSEUM,
OU
CRITIQUE RAISONNÉE
ET IMPARTIALE
DES OBJETS
DE PEINTURE ET SCULPTURE
QUI LE COMPOSENT.

M. ABEL DE PUJOL, N°. 2.

La mort de Britannicus, par l'ordre de Néron, il est confondu à l'aspect de sa mère, qui lui dit qu'elle connait l'assassin.

Les caraotères sont parfaitement rendus ; le tout est d'une belle ordonnance et d'un bon coloris. C'est un des plus beaux tableaux du salon.

M. ALBERS, N°. 3.

Un paysage composé des sites d'Italie.

C'est a dire de pièces et de morceaux qui bien rassemblés forment un tableau pittoresque en nous offrant ces plus beaux marbres d'Italie qu'il nous fait toucher du bout du doit.

(2)

M. AGUSTE, N°. 16.

Deux tableaux sous verre à la gouache.

Deux Coqs, se battent pour une poule jusqu'à la mort, ce tableau est d'un ton vigoureux qui s'approche de l'huile.

Air : *O ma mére, est-c'que j'sai ça.*

Semblables à beaucoup d'hommes,
Voyez ces Coqs en fureur,
De nous tous tant que nous sommes,
Ils démontrent bien l'erreur :
On se bat pour une Poule,
On se bat pour une Iris ;
L'objet pour qui le sang coule
En sent-il toujours le prix?

M. BERTHON, N°. 75.

Angélique et Médor.
Bon dessin, belle composition, couleur vraie.

M. BLONDEL, N°. 107.

La tendresse maternelle : la reine Hécube s'évanouit dans les bras de ses femmes, à l'aspect d'Ulisse, qui vient arracher de ses bras, sa fille Polixène, pour la sacrifier aux mânes d'Achille.

Polixène, vue par le dos, et dont le profile est effacé, devrait être plus tournée de face, étant la figure principale du sujet.

M. BUDELOT, N°. 158.

Vue du jardin du Musée des monumens français.

Les arbres sont d'un verd trop égal de ton ; cependant il y a quelques vérités dans les détails.

M. CAZIN, N°. 183.

Intérieur d'une ancienne abbaye incendiée, habitée par des soldats.

Gouache vigoureuse ; lointains d'une belle exécution

M. CREPIN , N°. 224.

Une marine.

Les figures sont bien dessinées et pintes dans l'action naturelle de se préserver du danger, c'est généralement un bon tableau.

M. de C***. amateur, N°. 248.

Entrée d'une Forêt.

Couleur un peu cru , sur tout dans les lointains ; une grande facilité nous dédommage : que peut-on demander de mieux à un amateur.

M. DELAVAL, N°. 270.

Orphée perdant de vue sa femme Euridice.

L'artiste a bien rendu l'embarras de ce bon mari.

Air : *Solitaires témoins.*

Il touchait au bonheur ,
Déjà de la lumière
Un rayon pénétrait dans l'antre ténébreux,
Quand pour voir l'objet de ces feux
Il tourna la tête en arrière ;
Mais l'ombre s'échappa comme un zéphir léger.
Hélas! dit-il, cher objet de ma flamme,
En vain du sort je voudrais me venger:
Adieu! je te laisse mon âme.
Adieu ! adieu !
Je te laisse mon âme.

(4)

M. DESCAMPS , N°. 3o3.

Prométhée, sur le mont Caucase, est déchiré par un vautour.

Cette figure accadémique est une réminiscence avec le Milon de Falconet. La tête a bien l'expression de la douleur déchirante, qui dévore ce malheureux.

Feu M. DESMARAIS , N°. 3o6.

Œdipe aveugle , est arrêté par sa fille Antigone.

Elle n'a pas l'air assez effrayée du coup de foudre qui sillonne derrière le gros arbre qui sert au fond du tableau.

Air : *Soufle de l'être qu'on adore.*

Dans un desert , fuyant le monde ,
Œdipe en proie à sa douleur ,
N'entend pas la foudre qui gronde ;
Peut-elle effrayer le malheur ?
Mais d'Antigone la tendresse
En bien , pour lui , change le mal.
O France heureuse ! une auguste Princesse,
D'Antigone est l'original.

M. DESORIA , N°. 3o8.

La mort de Clorinde.

Tableau gris de couleur , pauvre composition , pour ne rien dire de plus.

Mme. DESPERIERS , N°. 3o9.

Le portrait d'une dame , s'appuiant contre une base de colonne.

Ce tableau , bien composé , est d'une couleur trop égale partout.

M. DUBOIS , N°. 327.

Dévouement de Cimon , athénien , fils de Miltiades.

Ce tableau , dans le stile de Michel Ange de Caravage, est d'un effet vigoureux et d'un pinceau large.

(5)

M. DUBOIS, N°. 329.

Un tableau de famille.

Le velour de la jupe de la dame entre ses deux
enfans est à prendre à la main, il y a cependant des
choses à désirer dans ce tableau.

M. DUBOST, N°. 331.

Vénus et Diane.

Bel effet, Vénus et l'Amour qui se cache à la dé-
robée, cela fait un jolie groupe, mais si Diane eût eu
la tête un peu plus éclairée, je demande à M. Dubost
si cela n'aurait pas élargi un peu plus généralement
la lumière.

M. FLEURY, N°. 392.

Madame Hervey, actrice du Vaudeville.

Cette dame aimable n'est pas flattée : quoiqu'elle joue
dans la petite gouvernante (rôle qu'elle a crée avec
succès, de gros bras, une figure bouffie, tout cela n'est
pas l'appanage de Vénus, ni de Thalie ; des ombres
noires, qui règnent au long des bras ; une couleur grise
et sale ! ! ! Ma foi, cela ne flatte pas l'œil difficile du
connaisseur : un fond, sans harmonie, par dessus le
marché, qui fait tenir la tête à la muraille, qui est
derrière... Allons, passons à d'autres...

M. GIRODET-TRIOSON. N°. 441.

Portrait de M. De Sèze, méditant la défense de Louis
XVI, roi de France.

Ce portrait rend parfaitement la ressemblance du cé-
lèbre défenseur d'une si belle cause.

M. GRANET, N°. 464.

Stella, peintre français du siécle de Louis XIV, in-
carcéré dans les prisons de Rome, par l'accusation de
faux témoins, trace sur la muraille l'image de la sainte

Vierge, tenant son fils. Les prisonniers, surpris de la beauté du dessin, expriment leur admiration. Un criminel seul, accablé du supplice qu'on lui annonce, ne fait pas attention à cette scène édifiante.

Tableau d'un bel effet, et que l'on voit avec plaisir ; au bout de deux ans d'absence du salon.

M. GRENIER, N°. 474.

Attala mourante.

Bel effet de clair-obscur.

M. HENNEQUIN, N°. 5o3.

Le Christ au tombeau.

Le Christ, ainsi que les deux anges, qui sont derrière, sont trop blancs, les figures du fond un peu plus sacrifiées, feraient mieux valoir le groupe principal.

M. LAURENT, N°. 578,

Bathilde, veuve de Clovis II, rend la liberté à deux jeunes esclaves.

Petite manière, dessin incorrect, d'assez jolis détail.

M. LEMONNIER, N°. 629.

François Ier, roi de France, dans la salle des suisses à Fontainebleau, montre avec admiration le tableau de la sainte famille, exécuté par Raphael, pour ce monarque amateur des beaux arts.

On distingue les têtes de Léonard de Vinci, de Jean Cousin, Jean Gougeon, Ferlio et le primatice, ce tableau est d'une très-belle composition et fait honneur au pinceau savant de M. Lemonnier.

Mlle L'ESCOT, à Rome ; N°. 648.

Foire de Grotta-Ferrata.

C'est un extrait de cette foire, prise d'après nature par une artiste recommandable par ses talens. On a vu

d'elle, au dernier sallon, la confirmation par un évê-
que grec dans la basilique d'Estragues, hors les murs à
Rome, et le baisement des pieds, statue de saint Pierre,
on a encore exposé ces tableaux cette année, et on
les voit toujours avec un nouveau plaisir, rien n'est
plus beau que le vrai; le vrai seul est aimable.

Mlle MAUDUIT, N°. 677.

La mère abandonnée.

Coloris gris, touche molle et peinée.

La même, N°. 678.

Mademoiselle G***.

Portait interressant et d'une jolie couleur.

M. ENJAUD, N°. 697.

Naissance de Louis XIII.

Dessin très-incorrect et rond, coloris faux.

Mme. MONGEZ, N°. 707.

Percée délivre Andromède, après avoir vaincu le
monstre.

Composition et dessin d'un grand stile. La draperie
blanche, qui accompagne Andromède, est lourde
d'exécution et d'un gris trop sale.

M. PINAU-DU-PAVILLON, N°. 757.

J. C., mort aux pieds de la croix, entouré de saintes
femmes.

Ce tableau est faible de couleurs, et d'effet, le dessin et assez correct.

M. PRUD'HON, N°. 771.

Un Jeune Zéphir se balance au-dessus de l'eau.

On reconnaît bien au pinceau moelleux et flore l'a-

gréable M. Prud'hon, ainsi qu'à ses traits lâchés et in-
corrects de dessin.

Air : *Dans le jardin de la vie.*

Les bois l'onde et le silence,
Tout favorise un amant;
Ce Zéphir qui se balance
Attend Flore, assurement :
En conservant l'espérance
De séduire la beauté,
On aime toujours en France
Cet air de légerté.

M. REMY, N°. 781.

Poliphême, cyclope, poursuit avec une pierre Acis
et Galatée, etc.

Le géant est un peu trop près de ce couple amoureux,
et n'aurait qu'une enjambée à faire pour les atteindre,
sans se donner la peine de leur jeter la pierre. Le coloris
en est bon, ainsi que l'effet. La figure d'Acis est d'un
dessin correct, la tête de Galatée est un peu petite.

M. STEUBE, N°. 847.

Pierre le Grand, Czar de Russie, surpris par une
tempête.

On revoit avoit avec plaisir ce tableau qui a été exposé au dernier sallon.

Air : *Rions, chantons.*

De Pierre, le génie altier
Respire encore en cette image !
A ce lesgislateur guerrier,
La valeur aime à rendre hommage !
Les hauts faits sont plus importans,
Sa gloire parait sans seconde,
Quand ses illustres descendans
De leur nom remplissent le monde.

—

M. VAFFLARD, N°. 886.

Electre, femme d'Oreste, retient endormi, dans ses bras, son époux, fatigué de remords. Elle conjure ses compagnes de ne pas l'éveiller.

Le bras droit d'Electre, arrêtant ses compagnes, et le bras droit d'Oreste tendu, ne font pas un bon effet : ils nuisent à la composition du tableau.

M. VANDAEL, N°. 899.

Un tableau de fleurs.

Un peu trop de beauté de ton, couleur trop égale et qui exigerait de grands sacrifices.

César VANLOO, N°. 908.

Une première neige d'automne, tombée autour et même sur le château de Moncallier.

Ce tableau, plein de vérité, orne le cabinet du roi de Sardaigne.

SANTOIRE-VARENNE, N°. 919.

Une tempête sur mer, pendant un clair de lune.

Bon ton de couleur, effet vigoureux, qui font honneur au pinceau de M. Varrenne-Santoire.

Mlle. DEGEORGES, N°. 1356.

Valentine de Milan, veuve de Louis d'Orléans, montre l'armure d son époux au jeune Duuois, fils de ce prince malheureux, et lui fait jurer de venger sa mort.

On desirerait que la tête de l'enfant fût plus correcte de dessin.

Air : *De Fitz-Henri.*

Par sa constance sans égale,
Valentine honora l'amour ;
La fidélité conjugale
Ici brille dans tout son jour :

De son fils la voix enfantine
Jure de venger ses malheurs !
Tendres époux , à Valentine
Portez le tribut de vos pleurs.

M. GRANDIN , N°. 1365.

Un tableau de famille (portraits).
Généralement crud de couleur et trop découpé sur le fond, ce qui nuit à l'harmonie du tableau... Convenez-vous , M. Grandin, que la nature est sans contours.

Mlle. LORIMIER, N°. 1378.

Encore un tableau exposé il y a deux ans, représen-tant Jeanne de Navarre, conduisant son fils Arthur au tombeau que cette princesse avait fait élever à la mé-moire de Jean IV , son époux, duc de Bretagne, sur-nommé le conquérant, mort en 1399. Elle entretient cet enfant des malheurs et des vertus de son père infortuné.
Ce sujet fait toujours plaisir à revoir.

M. VANOS , N°. 1398.

Un tableau de Nature morte.
Tableau de la plus belle exécution , pour la couleur et la vérité.

M. MÉNIER , N°. 699.

Naissance de Louis XIV.
Allégorie, sujet ordinaire pour ne pas dire au-des-sous du médiocre.

M. COCHEREAU, N°. 214.

Des élèves dessinateurs et peintres, sont occupés à étudier d'après le modèle.

Tableau d'une grande vérité, pour les détails sans sécheresse et pour la beauté du coloris.

SCULPTURE.

M. CALDÉLARI, N°. 1022.

Une femme visitant les cendres de son époux, s'évanouit.

Belle figure, d'une interressante expression.

Son Narcisse, N°. 1021, est également beau.

M. GOIS, N°. 1064.

Philoctète, abandonné dans l'isle de Lemnos, conjure les dieux de terminer les maux qu'il endure.

Cette figure, savament exécutée, est d'une expression énergique et rend parfaitement la force, succombant à la douleur.

M. MILHOMME, N°. 1119.

Le général Hoche.

Belle figure, d'une attitude noble et majestueuse. M. Milhomme en aurait pu tirer un aussi bon parti, s'il l'eût costumé en héros du siécle et il se serait épargué un anacronisme.

M. RUTXCHIEL, N°. 1137.

Psiché enlevée par le Zéphir, sous les ordres de l'Amour.

Ce groupe est très-hardi et très-ingénieux.

M. BOZIO, N°. 1421.

Hercules, combattant le fleuve Achéloüs, qui s'est changé en énorme serpent.

Cette figure, comparable au Laocoon, est de la plus grande beauté.

M. BRIDAN, N°. 1422.

Epaminondas prêt à retirer la flèche dont il fut blessé mortellement, à la bataille de Mantinée.

Figure d'une belle expression, et qui fait honneur au ciseau vigoureux de M. Bridan.

De l'Imp. d'HERHAN.

Et se trouve chez CHASSAIGNON, Libraire,
rue du Marché-Neuf, N°. 3.